⑦ 古村落

- 浙江新叶村
- 采石矶
- 侗寨建筑
- 徽州乡土村落
- 韩城党家村
- 唐模水街村
- 佛山东华里
- 军事村落—张壁
- 泸沽湖畔"女儿国"—洛水村

⑧ 民居建筑

- 北京四合院
- 苏州民居
- 黟县民居
- 赣南围屋
- 大理白族民居
- 丽江纳西族民居
- 石库门里弄民居
- 喀什民居
- 福建土楼精华—华安二宜楼

⑨ 陵墓建筑

- 明十三陵
- 清东陵
- 关外三陵

⑩ 园林建筑

- 皇家苑囿
- 承德避暑山庄
- 文人园林
- 岭南园林
- 造园堆山
- 网师园
- 平湖莫氏庄园

⑪ 书院与会馆

- 书院建筑
- 岳麓书院
- 江西三大书院
- 陈氏书院
- 西泠印社
- 会馆建筑

⑫ 其他

- 楼阁建筑
- 塔
- 安徽古塔
- 应县木塔
- 中国的亭
- 闽桥
- 绍兴石桥
- 牌坊

筑境

中国精致建筑100

佛山东华里

谢日初 撰文
招志贤 谢日初 等 摄影

中国建筑工业出版社

出版说明

中国是一个地大物博、历史悠久的文明古国。自历史的脚步迈入新世纪大门以来，她越来越成为世人瞩目的焦点，正不断向世人绽放她历史上曾具有的魅力和光辉异彩。当代中国的经济腾飞、古代中国的文化瑰宝，都已成了世人热衷研究和深入了解的课题。

作为国家级科技出版单位——中国建筑工业出版社60年来始终以弘扬和传承中华民族优秀的建筑文化，推动和传播中国建筑技术进步与发展，向世界介绍和展示中国从古至今的建设成就为己任，并用行动践行着"弘扬中华文化，增强中华文化国际影响力"的使命。从20世纪80年代开始，中国建筑工业出版社就非常重视与海内外同仁进行建筑文化交流与合作，并策划、组织编撰、出版了一系列反映我中华传统建筑风貌的学术画册和学术著作，并在海内外产生了重大影响。

"中国精致建筑100"是中国建筑工业出版社与台湾锦绣出版事业股份有限公司策划，由中国建筑工业出版社组织国内百余位专家学者和摄影专家不惮繁杂，对遍布全国有历史意义的、有代表性的传统建筑进行认真考察和潜心研究，并按建筑思想、建筑元素、宫殿建筑、礼制建筑、宗教建筑、古城镇、古村落、民居建筑、陵墓建筑、园林建筑、书院与会馆等建筑专题与类别，历经数年系统科学地梳理、编撰而成。本套图书按专题分册，就其历史背景、建筑风格、建筑特征、建筑文化，结合精美图照和线图撰写。全套100册、文约200万字、图照6000余幅。

这套图书内容精练、文字通俗、图文并茂、设计考究，是适合海内外读者轻松阅读、便于携带的专业与文化并蓄的普及性读物。目的是让更多的热爱中华文化的人，更全面地欣赏和认识中国传统建筑特有的丰姿、独特的设计手法、精湛的建造技艺，及其绝妙的细部处理，并为世界建筑界记录下可资回味的建筑文化遗产，为海内外读者打开一扇建筑知识和艺术的大门。

这套图书将以中、英文两种文版推出，可供广大中外古建筑之研究者、爱好者、旅游者阅读和珍藏。

目录

007　一、佛山有个东华里

013　二、闹中取静

021　三、三间二廊的院落组合

033　四、镬耳屋和脊饰

045　五、三雕一塑装饰艺术

065　六、凉庭和冷巷

075　七、闸门楼一绝

083　八、水井与渠道

086　大事年表

佛山东华里

佛山市区是国家级历史文化名城,古之名镇,今之名城,历史悠久,文化发达,地上地下文物古迹丰富多彩,这些文物古迹展示了古镇风貌。其中佛山东华里内的古庄宅,名传中外。今天成为珠江三角洲的传统民居瑰宝,浸润着佛山几千年来古老传统文化的演变和精华。

一、佛山有个东华里

佛山有个东华里

佛山,坐落在珠江三角洲的西北端。约在6000年前,这里原是一个古海湾的洲岛渔村。当时气候温和,土地肥沃,河道纵横,自然条件优越;后来,经过长期的自然演变和劳动人民对自然的利用和改造,宽阔的古海湾头,变成了城市肥沃的土地。所谓"沧海桑田"正是珠江三角洲海陆变迁一个很好历史写照。而佛山已成为珠江三角洲上一颗闪烁灿烂的明珠。

佛山明清时已成为全国四大名镇之一,是南中国手工业和商业中心。全盛时期人口数十万,土地包括四沙(文昌沙、上沙、鲤鱼沙、聚龙沙)、二十八铺。神庙150多座;神社100余个;祠堂300多处;当铺56家;戏台36座;工商业300多号;设在佛山有18省会馆,大小街巷1300多条,可见当时佛山的繁荣。

由于生活富裕,衣、食、住、行比较讲究,特别是居住方面,佛山市有珠江三角洲特色的民居不少,其中比较闻名的当属东华里。

东华里位于归城区东南部,建于明末清初,是佛山一条古街道。

图1-1 东华里49号门面(程里尧 摄)/对面页
东华里49号原是清代杨氏宗祠,后改为民居。临街女儿墙镶贴陶瓷蹲形陶塑,是民国时期改建的。

"东华里"原名"杨伍街"。那里的房屋原为杨、伍两家富户所有,以后两家逐渐衰败,房屋陆续卖与他姓,清乾隆十七年(1752年)改名为"东华里"。

至嘉道时迁入骆姓家族,骆秉章家族原籍是广东省花县人,父辈籍南海县佛山镇舍人大街。

骆秉章少年好学,兼通文才武略。清道光十二年(1832年)骆秉章考中进士,任翰林院庶吉士,1833年授编修,1838年记名以御史起用,十二月补江南道监察御史;1848年奉旨赴河南查办苏案,后擢湖北按察史;1849年迁贵州布政使,后调任云贵布政使;1850年擢湖南巡抚。清

图1-2 东华里14号二层阳台
东华里南面14号,清代是一层民居,民国后期改建为二层,临街飘出有阳台,显示中西合璧的风格。

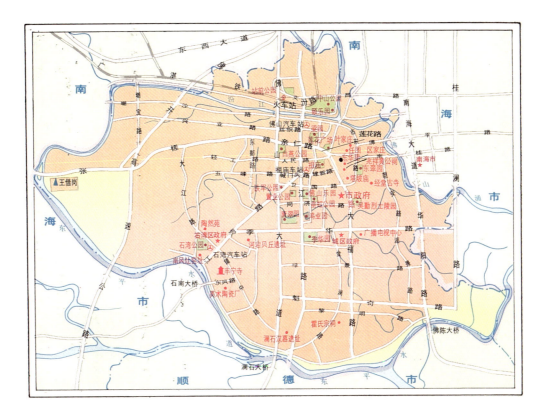

图1-3 东华里位置示意图

咸丰三年（1853年）在任时支持曾国藩及团练和镇压湖南天地会起义，并编练湘军。1861年升四川总督，同治二年（1863年），他诱杀太平军将领石达开有功，后升为协办大学士太子太保。1867年病逝。

  东华里是典型两姓家族混居的庄宅，前期是杨、伍两姓家族混居。杨、伍两姓衰落后，继而是骆、招两家迁入大事修整和改造。民国后期又渗入他姓修筑。前后营建经历三个阶段，明末清初，除庄宅外，保留有较大花园绿地，嘉道至清末年间修建把大部分花园绿地改为庄宅。民国后期，局部房屋拆改为中西合璧建筑，遂成为今日东华里面貌。

有关聚族而居，人们不禁要问，单姓聚居与二姓聚居又有什么不同呢？

据今住在东华里的长者及骆氏后人介绍，各姓聚族而居的公共祠堂比较分散，东华里西门楼入口西南面为伍氏宗祠，东华里东门楼入口东北49号原是杨氏家祠，东华里南面西中段18—20号，原是招氏宗祠，民国后改为住宅，而骆氏祠堂设在花县（即今花都市）。

骆氏家族迁入后，收买杨氏宗祠及北面杨氏花园，以及故宅，集中该里北中段进行修整，仍保持晚清庄宅风格。

清末招氏家族迁入，集中对该里南面中段按清式建筑改建。至民国后期局部房屋转卖他姓，形成了杂姓聚居局面。当时受到西洋文化影响，在改建上更加开放，强调了使用要求，把庄宅建成二层洋楼式，基座（首层）仍保留清式，形成东华里南北两种不同独特风格。

相反，单姓家族聚居的在佛山比较多，如叶家庄、欧家庄、潘家庄……。这些单姓庄宅，用地专一，从整体布局上较为合理，使用上、风格上、居住习俗都以传统风格为主。而东华里庄宅形成时期，处于晚清与民国年间，在布局上强调功能，在风格上既有清式建筑，也有中西合璧建筑。这对研究佛山晚清建筑演变，佛山地方史，以及居住习俗等提供了珍贵实物资料。

二、闹中取静

佛山东华里　闹中取静

图2-1 福贤路
东华里外部一条热闹的商业街，1930年改建。原先是由福贤里、金线街、黄丝巷、早市等街巷组成。是明清时期佛山的繁华商业街区之一。

图2-2 主街/对面页
东华里全长122米，主街宽阔畅顺。街内两旁的庄宅原是官家富商所居，建筑外观和装修极为讲究，是佛山保存最完好的典型清代街道。

1. 靠街而建、闹中取静

在明清时期，福贤里、黄伞街、早市是一个繁华商业区。至1930年这几条街改称"福贤路"。但在那闹市区的背后却隐藏着一条闹中带静的古街道，这就是东华里。

古时佛山的商业街多是前店后宅、前店后坊、前店楼居的布局，但杨、伍富商打破了以往习俗，他们大胆构想，购买了城市中心福贤路以东的黄金地带为宅地（即今东华里）。使福贤路与东华里成丁字形相接，形成福贤路第一线是商业，东华里第二线布置庄宅，打破了过去商、住、作坊混居状态。从东华里的选址、规划、设计、空间组织、施工诸方面看均沿袭明清阳宅风水理论，并体现了杨、伍富商精心策划，使居住环境得到很大的改善，闹中取静是东华里的重要特色之一。

2. 东南阳宅朝向

广东珠江三角洲自古以来,广大农村的住宅布局形式,多是背山面水,而城市住宅布局多是背街面水(宅前有塘如任围)或面街朝阳等形式。东华里是后一种,以里为街成一轴线,首尾设两个门楼作出入口;轴线之北房屋是坐北向南,而轴线之南房屋是坐南向北。凡坐南、坐北的建筑后墙不开窗,使整个庄宅周围成为一个全封闭的庄宅区,起到安全、卫生、宁静、通风、朝阳的效果。

3. "面里、朝阳"的空间组织

东华里整个庄宅总平面呈东南朝向布局,与佛山长年吹的主导东南风一致,并符合明清东南阳宅风水理论要点。

风水理论与活动皆以"气"为中心,并标以"天气"、"地气"、"阳气"、"风气"、"水气"等。实质就是追求人身的小宇宙之"气",与周围环境的自然宇宙之"气"相协调统一,以保证人的生活健康和心理平和。从而有能力获得"滚滚财源",风水这种对"气"的高度关注实际就是中国古老的哲学命题"天人合一"。

从实践证明东华里街宽3—5米,呈东西走向,有整日朝阳的特点,上午太阳从东向西照,下午太阳从西向东照,由于有足够阳光普

图2-3 东华里主街西北面第三条巷/对面页
巷宽2米,巷长60米左右。

佛山东华里 | 闹中取静

筑境 中国精致建筑100

图2-4 东华里主街西南面第三条巷
巷宽2米，巷长30米。

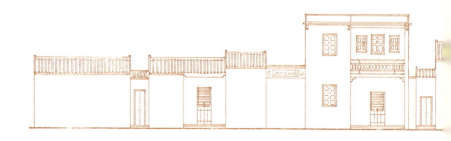

图2-5 东华里平面图

图2-6 东华里南向街景立面图

照，使东华里"阳气"十足，"邪气"减少，从而，使居住在东华里70—80岁长寿的老人比比皆是。这些老寿星生活上多自由组合，在各个庭院之中娱乐、谈天、唱粤曲……，无忧无虑地过着晚年的生活。古代的面街、朝阳的空间组合，值得今天我们去借鉴。

4. 篦齿形的里巷布局

东华里以里为街，街里布局形似叶的脉络，犹如篦齿形，俗称为"青云巷"。

采用篦齿形的里巷骨架来组织居住单元，分别由里北四条巷，里南四条巷，垂直东华里内，形成一个既封闭又开放、又安静的空间效果。

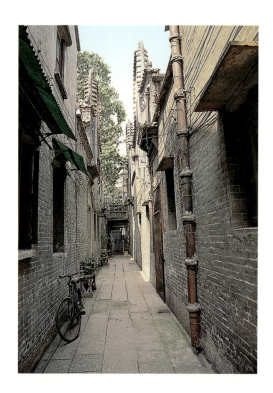

图2-7 篦齿形里巷
俗称"青云巷"，一般巷宽2米，长短不等，是唐宋以来珠江三角洲地区里巷营建的形制。图为东华里主街西北面第二条巷。

三、三间二廊的院落组合

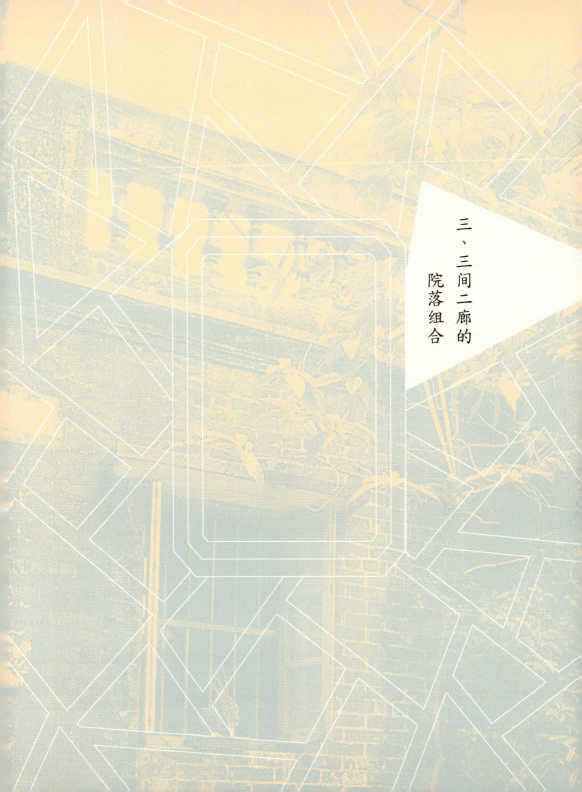

住在东华里的"老佛山",通常把住宅叫屋,前后敞口为堂,故有通堂之称。在厅的种类上因功能不同,叫法也不同,如入屋停轿的地方称"轿厅"。入门设有门官的叫"门官厅",门口有"门口土地福德神"。入门与前厅对朝的叫对朝厅。倒朝厅入口多有挡中屏风门,挡中有两扇门,有客时即大开中门。

前厅(又称正厅、神厅)在民居习俗中大户人家的正厅对外作迎宾接待。一般中等人家正厅与神厅一并兼用。正厅安有神案、神楼,安放有大神及祖先神位。每当欢庆春节,全家老少,举行拜年礼仪,晚辈按序向长辈拜年。凡添男丁则在家中神楼或祠堂挂

图3-1 东华里北45号宅
内庭天井前看墙(围墙)嵌有一个天官赐福神位。古人相信生老病死、祸福吉凶全都依靠上天,至今佛山人每当喜庆、嫁娶都要祭拜天神,祈求保佑得福,成为沿袭久远的民间风俗。

图3-2 东华里35号宅内景
这是佛山传统的三间二廊厅堂陈设的一种样式,厅堂正面有一幅华丽木屏风门,门顶是神楼,厅堂中设有神台,两侧设酸枝椅、酸枝佛床、圆酸枝台凳等。

图3-3 东华里35号厅堂陈设局部（程里尧 摄）
东华里35号厅堂局部陈设，有酸枝神台，两侧有酸枝椅，神台上放有关羽的神像。

图3-4 东华里35号内庭院前倒朝厅外观/对面页
退休的婆婆正在搓麻将娱乐。

走马灯。除祭神、祀祖外还设宴欢宴亲友，俗称为"饮灯酒"。

大厅（中厅）处理内部事务。后厅为家居使用。

全楼可称为"通堂楼"。回字楼又称"走马楼"。在屋后的楼则称"后楼"。

天井两侧的廊又称"廊头"。廊头一边为灶头（厨房），饰有"定福灶君"之位。

把卧室称"房"，有正南房（亦称"兜底房"或"神后房"）。厅两侧的房为卧室，又称"侧房"，亦称"上房"或"头房"、"尾房"。

当进入东华里时，你便会发现，富家望族住的是三间二廊院落建筑。通常是一列三间硬山顶房屋，中间是厅堂，堂之后为神楼房，厅

佛山东华里　三间二廊的院落组合

筑境　中国精致建筑100

图3-5 东华里庄宅传统民居内庭空间
以内庭院天井为中心，两侧的廊，又称"廊头"，
形成外封闭、内开放的内庭空间。

图3-6 东华里主街南面二层民居的走马楼
俗称"回字楼",一般设于明间正厅中央,回字楼可四周或三边绕行,起到通风、采光、散热、装饰的效果。

图3-7 东华里主街南面民居的走马楼

图3-8 东华里主街南面某宅的走马楼

堂两侧是居室，屋前有天井，天井两旁为廊，廊一面有门与巷相通。另一侧廊作厨房，天井前有一幅看墙（围墙），并安有天官赐福神位，组成三合院。而有的人家在三间二廊院落建筑对面另筑一室称作倒朝厅，组成四合院。

东华里传统庄宅式建筑，每座以三组三间二廊的建筑单元组成，形成了三井（三个内天井）四厅（有倒朝厅、正厅、中厅、后厅）的组合形式。

入门第一组三间二廊庄宅建筑，一般有门廊倒朝厅，次为天井（庭院），后为正厅（神厅）依次排列为一井二厅庭空间，以上称前宅。

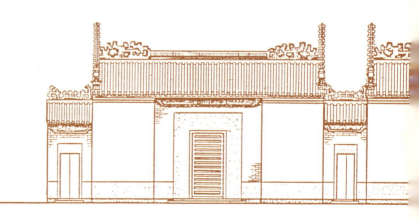

图3-9 三间二廊单元组合平面图

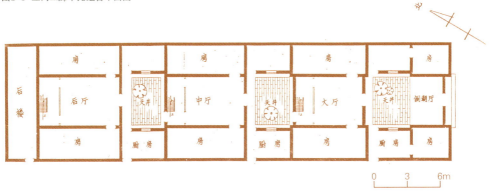

图3-10 东华里传统民居正立面图

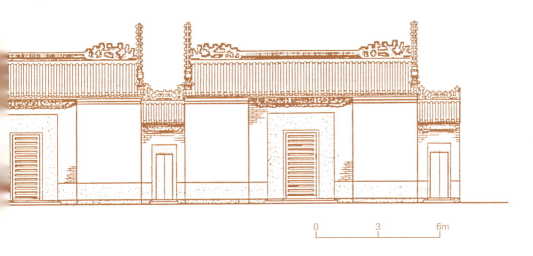

第二三组三间二廊庄宅建筑称后宅，是自家内部事务使用，其不同是中厅与后厅的位置的区别。

将"三间二廊"院落建筑自成一体，独立布置，适合一般人家使用。东华里庄宅建筑每座以"三间二廊"院落式建筑坐北向南多单元之连续纵向并连排列布置，是符合当时封建社会大家族"一家亲"高度集中的需要，这种平面设计形式一直延至民国时期。

用"三间二廊"院落建筑作为民居建筑基本单元，其优点因地制宜，可作出灵活多变布置，明清时期遍及整个珠江三角洲大地。

图3-11 传统民居剖面图

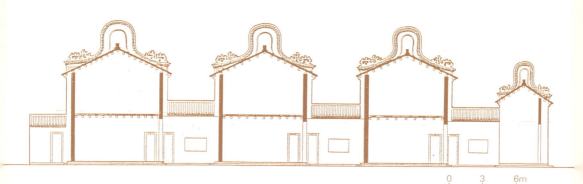

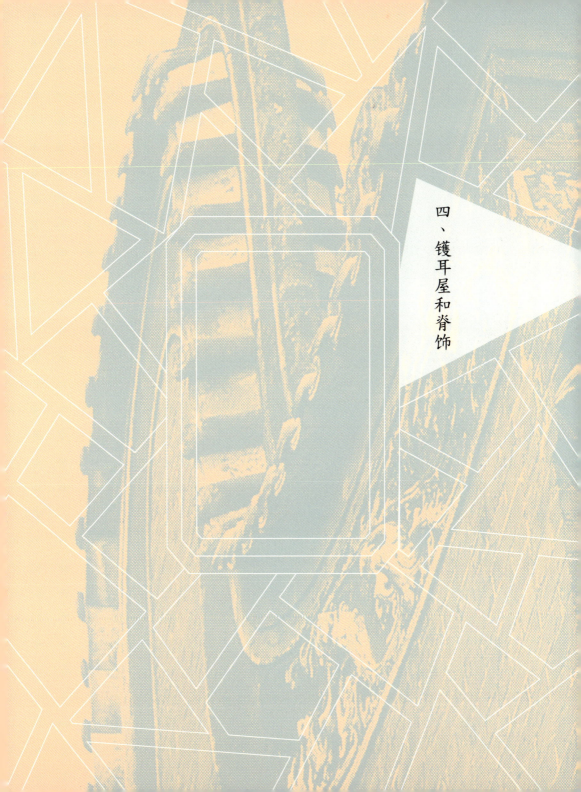

四、镬耳屋和脊饰

佛山东华里

镬耳屋和脊饰

图4-1 东华里内一组建筑的封火山墙/前页
这种建筑在当地俗称"镬耳屋",始建于明代。"镬耳"在江南一带俗称"封火山墙",可起到防火、遮阳、隔热及装饰等作用。镬耳屋精巧古朴,有较强的地方特色。

图4-2 封火山墙/对面页
一般高出屋面1.5米。耳顶灰批收圆角,后出双层瓦口线,瓦线下再批40—50厘米灰线,构成多层次圆弧曲线。山墙两侧采用灰批草尾(俗称"大关刀")。

当人们漫游东华里,步入这条古老街道时,迎来一座座规整的青砖石脚老房子,形象生动、栩栩如生,游人赞不绝口,关于东华里的建筑形式,都有着一段段流传的故事。

东华里之北面庄宅民居,因历来是官家富户所居,建筑形式或装修均极为讲究,改建于清道光年间,是传统的清式平房建筑,主要特点是石板街、石砌台阶、青砖大屋、高大门房,并有各种花式木雕脚门,及通透木趟拢、镬耳型山墙、人字山墙、龙船脊、博古脊。其他的厅堂、房、坪、门、窗等以灰塑、木雕、石雕、砖雕、陶瓷漏窗加以装饰,反映出东华里庄宅的建筑特色。

东华里之南面庄宅,清末富商招而田按清式改造。民国后期伍氏宗祠前座改为平顶式,部分房屋改为二层楼房,室内保持清式回字楼井口、二层顶为平天台,并加女儿墙、栏河筑陶瓷蹲形陶塑,形成中西合璧的建筑。

1. 镬耳山墙

在佛山旧区,昔日一片片风貌古朴庄宅式的建筑群,分布在旧城区的周围,它们具有共同且独特的建筑形式:1)镬耳山墙;2)人字山墙;3)龙船脊;4)博古脊,起到传神及装饰城市的作用。东华里就是其中之一。

经历几百年的风雨沧桑,这些古庄宅,过去在旧区街巷随处都可找到,这片老房子总被人们所吸引,因为这些房子屋顶山墙有

图4-3 龙船脊/前页

是东华里脊饰之一。明清时期,多将房屋正脊塑成龙船脊造型,形成珠江三角洲佛山民居外观的传统特色。龙作为吉祥物,象征古代粤族多龙户(船民),其所经之处必然会人丁兴旺,财源广进。

着一对装饰性镬耳,人们都称它为"镬耳屋",形如 Ω。

这些镬耳屋始建于何时呢?从佛山现存的市保护单位的旧建筑中可以说明,1)明代建的莲华巷土府建筑是红石脚、泥筑墙身、镬耳屋山墙;2)明代建的纪岗街石路巷明屋也是红石脚、泥筑墙、镬耳山墙,以上两例说明,镬耳屋佛山明代已有了。

古代工匠把庄宅山墙装饰成镬耳形,其原因又是什么呢?相传东华里镬耳屋又称封火山墙,是起到防火、遮阳、隔热及装饰等作用。

防火:明清时代,地狭人稠的佛山已考虑到当房屋发生火灾时,由于有屋顶"镬耳"的阻隔,火焰不容易卷到邻近的房屋,抑制了火灾发生、蔓延。

遮阳:遮挡烈日直接照射(东西晒)到屋顶,使居室达到清凉隔热作用。

装饰:东华里镬耳山墙,一般高出屋面1.2—1.5米,耳顶灰批收圆角,后出双层瓦口线,瓦线下再批40—50厘米灰线,构成多层次圆弧曲线,山墙两侧采用灰批草尾(俗称"大关刀")。

这些镬耳屋,在屋顶上的镬耳,像条乘风破浪的帆船,威风凛凛,雄伟壮观。这些镬耳

屋，结构严谨，用料讲究，造型美观，精工巧作而古朴。

近年，佛山旧区改造进行得如火如荼，分布在街巷各处的"镬耳屋"已越来越少了，幸存者已大多被划为市级文物保护单位，成为佛山国家历史文化名城的景点。

2. 人字山墙

东华里南部止宅屋顶采用另一种形式，一式人字山墙，源头来自佛山出土的东汉陶屋，亦是二檐落水硬山房屋演变而成。人字山墙不单用于庄宅，一般民居，以及祠堂，庙宇均有采用，比较大众化，古朴大方，人字山墙两面

图4-4 博古脊

是东华里民居脊饰中的一种，多设于门廊的倒朝厅屋脊上。"博古花脊"上有各类吉祥博古图案。

采用硬山顶，脊顶高出屋面几十厘米，并灰批博风檐线（南方雨多不用木博风板）两朵墙饰草尾云头浮雕图案。

3. 龙船脊

东华里庄宅龙船脊是岭南珠江三角洲建筑屋顶装饰艺术造型的一部分。脊饰艺术造型可分为两种类别，一是庙宇、祠堂之类，风格比较壮丽豪华；另一种是民宅（含庄宅）之类，风格比较简朴淡雅。庙宇、祠堂多是陶塑脊饰，或灰批博古脊，脊饰比例较高（佛山祖庙为陶塑脊饰）而民宅多是灰批正脊，比例较矮。

脊饰母题多是民间爱好的岭南风情人物，而民宅的正脊多采用龙船脊饰造型。

据古老相传一：佛山在上古是粤族之地，粤族疍家称为龙户，与蛟龙（即船）为伴，粤族多龙户，东华里的先人把蛟龙视为吉祥物。明清时期，人民生活富裕，建筑装饰处在兴旺时期，豪门富户，都在其房屋正脊塑成龙船脊的造型，与两山墙镬耳形风帆，互相衬托，成为古代珠江三角洲庄宅独特的传统风格。相传二：从风水学的观点，依所谓"风水"之说是建筑要"藏风得水"，其标准是"龙"要发脉奔腾有势，在屋顶装饰龙船脊，是象征龙脉走向，所经之处必带来人丁兴旺，财源广进。

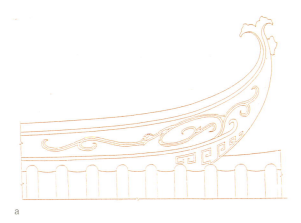
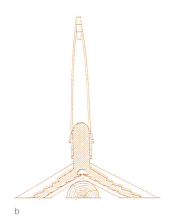

a b

图4-5 龙船脊饰大样图/上图

图4-6 东华里西闸门楼脊饰灰雕大样图/下图

4. 博古脊

东华里庄宅的博古脊，亦是岭南珠江三角洲建筑屋顶装饰艺术造型的一部分，多使用于庄宅、祠堂、庙宇等建筑。

东华里北部的庄宅建筑、门廊的倒朝厅正脊采用博古脊，而前厅、中厅、后厅屋顶正脊则采用龙船脊，一座房屋两种脊饰，这是东华里庄宅屋顶脊饰的一种独特变化形式。

"博古"指人们对古代的历史，文化博学多才，东华里后人将博古脊加添各种花卉，名叫"博古花脊"反映了各类吉祥博古图案。

五、三雕一塑装饰艺术

图5-1 东华里西南面伍氏祠堂门廊石虾公梁
梁的左右有花岗石洋花雀替（俗称"挣角"），线条简朴大方。

图5-2 东华里西南面伍氏祠堂门廊石柱础/对面页
石柱础为四方八角竹节花篮柱础，构图得体、工艺精细，是清代佛山传统的石雕工艺。

东华里庄宅的装饰艺术，最引人注目的就是石雕、砖雕、木雕、灰塑，这是岭南民居的重要特色。

1. 石雕

当步入东华里时，如果细细地欣赏一下，便会发现，犹如进入一个石雕陈列馆。东华里庄宅民居保留的石雕丰富多彩，从地上至屋檐应有尽有。进到街巷见到石板街；步入门口见到洁白如镜的步级石、石墙裙、方线石；走到祠堂前见到的是高大辉煌的石梁柱和大门摆夹石；进到庭院望见檐口石水槽；出到冷巷见到石井栏、石水渠……。这些石构件，都有它的来龙去脉。

石梁柱：东华里伍氏宗祠前座门廊石柱、柱础、石梁保留完好。石梁形如虾形，俗称"虾公梁"。梁左右有洋花雀替（俗称"挣角"），洋花为花卉图案；柱为四方形，四角出凹线（俗称"曲竹线"）。

石柱础：伍氏宗祠门廊石柱础，为四方八角竹节花篮柱础（形如花篮故名）构图工艺精细得体，体形美观。

级侧石：伍氏宗祠及庄宅大门前步级侧石，形如云鼓，俗称云鼓鸡翼，线条精细美观，是石行中花草行的杰作。

石墙裙：东华里庄宅民居大门都施以石墙裙，上下雕有博古石纹样，墙裙下为方线石，线条层次变化有节，互相衬托。

擢夹石：东华里每家大门均镶砌擢夹石，石门框三边出圆凸线（俗称昂竹线）。大门擢夹石脚，饰有微缩柱础纹样，精致可爱。

图5-3
东华里7号宅大门前石墙裙
左、右上角带博古纹饰，下为方线石，线条层次有节奏感，互为衬托。

图5-4 东华里7号宅屋檐下砖雕
它承传了珠江三角洲民间砖雕优秀技艺,其主要特点是雕刻细腻、构图简练、刀法刚劲利落,富于装饰性。

图5-5 东华里北面19号宅大型砖雕装饰/上图
砖雕层次分明,图案有花卉、博古等,有较强的立体感。

图5-6 东华里北面45号宅内天井看墙的灰批/下图
以山水画为主题,使天井的综合庭院空间内涵丰富多彩。

图5-7 东华里35号宅厅堂檐下花格
起到装饰与通风、采光、透气的作用。

图5-8 东华里45号宅檐口花板
多用樟木、柚木制作，浮雕以花卉鸟兽等图案为主。

石水槽： 东华里每家廊头的檐口都砌有一条石水槽，这是匠人精心设计的作品，既实用又美观，耐用，过去这些石水槽，到处都可见到，但在旧城改造中，愈来愈少见了。

以上是东华里庄宅民居石雕构件的清代作品，清代佛山石雕进入一个登峰造极时期，石匠数万，石店星罗棋布，石雕工艺非常精美。

石雕工艺，晋、唐、宋代的石雕多古朴，明代渐多工巧。

在石雕技术制作分类上有，开料行：以开石坯为主，在石场制作。光面行：在制作上有粗细面，粗面如街石未经细凿，以凿平为主；细面精细过凿，东华里的石墙裙、方线石是经过细面过凿，表面光滑。草花行：专门制作人物、花鸟、兽类等，通过浮雕、通雕、高浮雕、线刻等表现手法制作。

a

图5-9 东华里南面20号宅脚门扇
高1.75米、宽1.25米。脚门分四折开启,脚门上下带木雕纹饰。

b

图5-10 东华里北面19号宅厅堂八卦屏风/前页
屏风为八角菱形图案，在习俗观念上"八卦"可挡邪祟。

2. 木雕

木雕工艺源远流长，在封建社会早中期，一般民居建筑甚少用，清代这种限制被打破，民居装饰迅速流行，佛山建筑木雕业也得到发展，并以鲜明和浓厚的地方色彩名重一时。

当你走入东华里，各个建筑空间的木雕装饰都会收入你的眼帘，它的内容、花式图案、制作，都是前所未有，普遍使用在檐口花板、厅堂花架、厅堂屏门、栏河线雕栏腰板、脚门木雕花饰……。

花板：东华里最引人入胜的是家家户户的屋檐下都挂有檐口花板，是该里木雕装饰一种主要构件，因檐高屋大，装了檐口花板，门面显得富丽堂皇而高雅。花板制作极为讲究，多采用樟木、柚木制作。浮雕以花卉、鸟兽为主，中段浮雕以雀鸟和福禄寿三星人物，两端浮雕以宝鸭穿莲、石榴、菩提等吉祥物图案。

花架：每当我们步入厅堂，却被厅堂的木雕花架所吸引，东华里的花架安装在前厅、倒朝厅的屋檐门头枋上，花架的图案繁多，有梅花、博古等图案。花架亦多以樟木或柚木制作，坚固耐用美观大方。

屏门：东华里每家每户的厅堂习惯用屏门分隔前厅、倒朝厅、神后房，如神厅采用八卦屏风（八角菱形图案，在居民习俗上"八卦"有挡邪作用）。

图5-11 东华里南面二层民居木雕漏窗
具有通风、采光、装饰作用。

脚门木雕： 东华里各家脚门木雕又是一种装饰艺术，脚门分四扇两面开启，每扇脚门顶部格心有不同图案，二脚门柱头饰有荔枝、寿桃、石榴等，二脚门上门斗饰有喜鹊、花卉等木雕吉祥物，脚门木雕亦多用柚木、樟木制作。

东华里木雕粗犷明快，刀法简练，形象逼真，注意神韵。工匠们以丰富的想象力，根据不同装修部位和用途，用线雕、隐雕、浮雕、通雕、混雕、嵌雕、贴雕等技法，采用车、凿、镂、锯、拉花、磨等手法，雕刻出栩栩如生各类木雕构件。广东民间的木雕艺术，佛山和潮州是两个著名产区，在用途和风格上各有特点，佛山的木雕比较粗犷、豪放，多半用在建筑装饰上，潮州的木雕比较精巧、纤细，一般多作玩赏用。

图5-12 东华里北面35号宅木趟拢门/对面页
高3.17米，宽1.28米，柚木制作，起到通风、透气、散热、防盗的作用，是佛山建筑特色之一。

图5-13 东华里倒朝厅木雕花屏风门
具有通风、透光、分隔功能。

3. 砖雕

东华里的砖雕保留完好的有十五组，可以说是佛山庄宅民居中唯一的珍品，这批砖雕多用于墀头、屋檐墙身，门楣等处。

最精彩的是房屋檐下墙身砖雕，造型古朴大方，立体感强。砖雕分上、中、下层，上层用各种连续花纹组成不同层次浮雕，中层以博古纹样组边，下层饰博古雀替（挣角），中下层题材以花果为主，有佛手、石榴、蟠桃、绿竹、牡丹，象征天上仙桃石榴，地下的绿竹牡丹，含有多寿多子、富贵吉祥的意思。

图5-14 东华里主街49号宅正面磨光青砖墙面

明清时期砖雕广泛应用于民间宅第、祠堂、会馆、书院、庙宇建筑中,砖雕工艺承传了珠江三角洲民间砖雕的优秀传统与技艺,其主要的特点是:雕刻细腻,主次分明,构图简练,刀法刚劲利落,变化多,富于装饰性。

砖雕的类型,有线刻、隐刻、浮雕(又称"突雕")、圆雕(也称"混雕")、通雕(也称"透雕"),早期使用线刻、隐刻,后期较多使用浮雕、圆雕。

4. 灰塑

灰塑(俗称"灰批")是东华里庄宅建筑装饰艺术之一,包括灰塑(批)和绘画两部分。

东华里庄宅民居山墙两侧朵墙多是灰批草尾,以云头浮雕图案,粉以白色,与青砖墙形成了较强烈的黑白对比,远眺给人传神夺目的感觉。

东华里庄宅民居的天井(庭院)看墙顶是饰山水画为主题的浮雕灰批,使庭院增加了山水与自然气氛。

东华里庄宅民居室内门楣饰雀鸟花卉,万字多层次组成灰批图案,点缀了居室内部环境。明清时期,佛山灰塑与彩画装饰,多使用在祠堂、庙宇、书院、第宅等建筑内。

灰塑表现形式主要有圆雕和浮雕两种:
圆雕式灰批,又称立雕灰批,分为多层

图5-15 趄拢门节点
东华里北面民居35号宅大木门、木趄拢、石地栿、铁门耳的节点。

次"立体"灰批和单独灰批两种。做法是先用铜线或铁线做出骨架，糊抹根灰，依骨做成模型粗样，半干时再用配好颜料的纸筋灰仔细雕塑而成。

浮雕式灰批，用途很广，不论门额、窗楣、山墙、八字部分都使用。做法是在墙上打铁钉，糊抹根灰，在所装饰的部分做底找平，塑好模型，用灰膏勾出图案的轮廓，按需在纸筋灰中调上各种颜料，然后塑造而成。

彩绘：俗称墙身画，即壁画，多以国画、写实形式绘制，这类装饰画多绘于大门正墙，屋檐下或室内墙顶上。它和灰批是建筑装饰姐妹艺术，交替使用，互为配合和补充。

六、涼庭和冷巷

凉庭和冷巷

佛山东华里

凡到过东华里的人都是异口同声说：这条街巷真凉爽！这到底是什么原因？其实这是古代营建的一种科学。若到东华里仔细地观察，不难得出结论是因为东华里庄宅传统民居以外封闭、内开放、小间距、内天井、小庭院的建筑手法，使内部有一个安静、自由、开放与独立的生活空间，使大自然的天空、空气、阳光与人养殖的鱼、鸟、花、木，以及山石、池水为一体，使建筑适应自然、利用自然，创造独特的凉庭冷巷的建筑环境。

凉庭，东华里古庄宅传统民居是以庭院天井为中心。在三间二廊的单元中，都拥有一个内天井（小庭院），庭院分为水庭、石庭、水石庭、平庭等。东华里民居庭院面积虽小，但广置小型花木、石山、盆景、池水、金鱼缸等成为丰富多彩的综合小庭院，形成四时鸟语花香、凉风习习的清雅环境。

在民间习俗，农历八月十五日中秋节之夜，家家户户在天井庭院赏月，向天神拜祭，以保全家幸福。赏月物品有炒田螺、月饼、沙田柚、香蕉、洋桃各色水果，通宵达旦，童年的往事，使人记忆犹新。

图6-1 篦齿巷/对面页
俗称"青云巷"，因巷纵深，山墙高矗，季节的主导风向东南风和西北风吹向高墙，折下一股凉风，故青云巷常有凉风习习之感。图为东华里北面四条青云巷中之一。

凉庭和冷巷

佛山东华里

图6-2 东华里45号宅内庭/前页

虽然面积小,但广植小型花木盆景,使四时保持鸟语花香和清新优雅的环境。

冷巷,东华里篦齿巷(俗称"青云巷")因巷纵深,山墙高矗,每天中午仅有较短日照外,很少受太阳辐射,每当季节的主导风(东南风、西北风)吹向高矗的封火山墙折下是一股冷风,使巷内常年保持有冷巷风,即使在火热的暑天,冷巷也不感酷暑。

出现凉庭冷巷的建筑环境,除以上原因外,还有其他的内在因素影响,如古庄宅建筑设计多是前低后高,使庄宅区建设高低错落,出现撞风、回风。门廊、趟拢引入穿堂风,里巷形如口袋,容易吸风。门窗通透容易透风,天井庭院易导风、抽风等。

1989年12月华南理工大学对佛山东华里古庄宅传统民居进行热环境调查,调查测绘结果,巷里以及厅庭中的空气温度,平均辐射温度较低,且稳定。建筑的穿堂风、后院风、里巷风,井庭风组织良好,从而使区内及室内常有清风习习,凉爽可人。分析发现传统民居从小区规划,平面布置,竖向设计以及细部构造多符合气候设计原则,在适应自然、利用自然、改造自然方面独具匠心,很值得现代城市住宅规划设计者借鉴参考。

清凉减热的石板街,东华里里巷到处见到的是石板街,多少年来,受到广泛的爱戴和称赞,故老相传。麻石铺地盛行于清代,东华里的铺地使用有如下特点:以里为街铺砌麻石板(俗称"石板街"),多为纵横双向铺砌,纵向石板与步级石平衡,横向石板多铺在里的中

图6-3 东华里东部巷尾（程里尧 摄）
在巷尾用花台和墙面灰塑作点缀。

图6-4 东华里35号内庭天井一角（程里尧 摄）/后页
可见到厨房（即"廊头"）及厅堂的一部分。厅堂前原有一幅木屏风门，后改为圆拱门。

间，上为石盖板，下筑下水道，新中国成立后大搞下水道，重新改为纵向铺砌。冷巷的石地板都是纵向铺砌，天井庭院则为纵横双向铺砌麻石板。

石板街是白色花岗石，多是石行中的"光面行"将石坯加工成形。石板街石质坚固，百年无损，有降温散热的功效。在里巷风、庭院风的作用下，更使庄宅内居住环境有清凉减热之感。

佛山现保留的石板街巷仅有东华里、叶家庄、欧家庄、培德里、适安里等处，已成为历史的见证，给后人有个美好回忆。

七、闸门楼一绝

佛山东华里 | 闸门楼一绝

东华里街长112米，首尾建有两个颇有特色的闸门楼。但你知道"闸门楼"这个名字的来历吗？

相传，佛山建闸门楼，始于宋代。市郊澜石镇的大麦村，有一条珠玑里，里入口有一闸门楼，标记着"珠玑里"以表示先人从宋代由南雄珠玑巷迁来佛山聚居而命名的。

图7-1 紧靠庄宅区的东闸门楼
宽1.5米，檐高4米，闸门楼用花岗石柱，门额石上砌青砖墙，檐口木花板。

图7-2 紧靠市区福贤路商业街的西闸楼/对面页
宽1.8米，檐口前低后高，上覆小青瓦，正脊为博古脊，檐口木花板。

佛山东华里　闸门楼一绝

图7-3a,b　东华里主街南面的闸门楼
因房屋多为二层，故闸门楼较为高大、壮观。门宽1.2米，门夹石框，门额石上砌青砖墙壁，上盖小青瓦，檐口木花板。

a

据佛山忠义乡志记载：清道光年间，因外扰内乱，官府下令，佛山主要街巷建设闸门楼，从此，佛山随处可见到闸门楼，如辛葵里、东华里、宝善坊等闸门楼。

佛山东华里属于氏族、豪宅、庄园聚居而设立的闸门楼，另一些主要是为防盗，有的街闸门楼建成两层，首层为通道，二层为更楼（看更的住在楼上）叶家庄客善坊闸门楼即属更楼式闸门楼。从清代至新中国成立前夕，佛山许多街闸早开夜闭，这些闸门楼经历沧桑变化，目前已剩下寥寥无几，东华里闸门楼是幸存者之一，成为市级保护单位。

b

佛山东华里　闸门楼一绝

筑境　中国精致建筑100

a

图7-4a,b 东华里主街北面的闸门楼
稍为低矮，门宽1.2米，门夹石框，门额石上砌青砖墙，上盖小青瓦，檐口木花板。

b

东华里的东闸门楼紧靠庄宅区，闸门楼宽1.5米，檐高4米，闸门楼用花岗岩石柱，石门额组成门框，门框上砌青砖墙，檐口有木雕花板，砖石结构，以山墙承重，体形壮观大方。

东华里的西闸门楼紧靠市区福贤路商业街，闸门楼宽1.8米，檐口前高后低，上盖青瓦，正脊饰博古脊，山墙承重，花岗岩石框，檐口饰木雕花板，体形娇小古朴、大方，颇有特色，反映出珠江三角洲古庄宅民居的建筑风格。

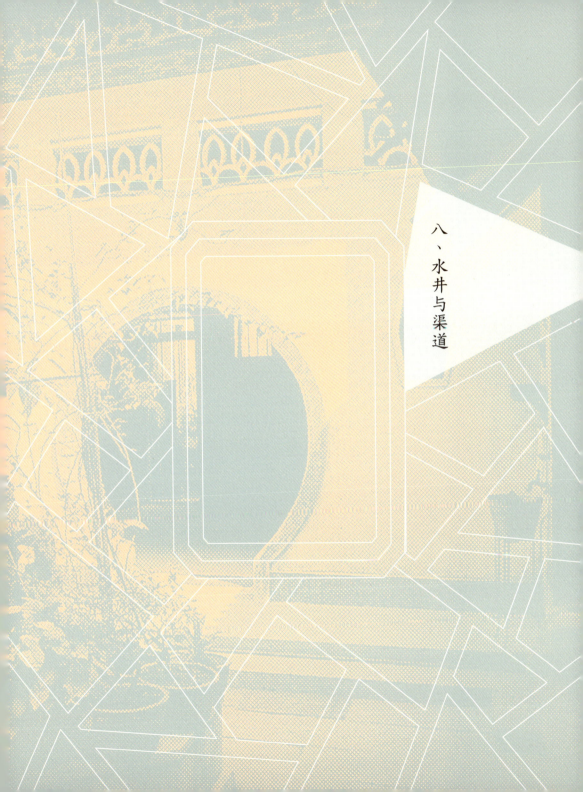

八、水井与渠道

1. 水井

上年纪的东华里人，总忘不了三十年前饮用井水的往事，井水与人们有着不解之缘。

据地方史料记载：饮用井水历史可追溯到晋代，相传东晋印度佛教徒耶舍尊者到佛山传经建立了塔坡古井，现塔坡井水盈盈自石出，清洌可口。由于黎冲乡东汉出了简文会，明代出了伦文叙两状元而得名的状元井，俗称"龙头井"，都是最古的水井。清代中叶，全镇约有几十万人，每家少不了一口井，多则两口井，全镇约有五、六万口之多。

在清嘉道年间的东华里人，多数人家为图生活方便，都在自家的井庭屋后各自建个水井，还在井边供奉起"井泉龙神"以祈求这口井能水甜润口，永不干涸，让人喝了益寿延年。至今，东华里现保留下来还有不少井，分布在巷头、巷中、巷尾，屋内庭院。过去平时作饮用、急时作消防抢救之用，目前有了自来水，多数的井不使用了。这些井引人注目的就是一个个不同形式的花岗石的精致井栏。

1964年后佛山有了自来水，居民饮用井水历史已告一段落，但现代人都忘不了那些水井。

2. 渠道

提起下水道（渠道），东华里的人们很容易引起对往事的回忆。当地由此产生了一个民谣："落大雨，水浸街，阿妈担柴上街卖……。"

每遇暴雨，雨水首先向城内星罗棋布的水塘洼地倾注，然后就流入地势低的街道去，一时不少街巷，水深盈尺，顿成泽国。

据佛山忠义乡志记载：佛山有八条街渠，形如网状，分流四方。有旗带水道、灵应祠渠道、摸冈里渠道、观音堂大坑渠道、七铺渠道、舍人十三街渠道、正仁里渠道及三界渠道，后期增为十条干渠。

当时的东华里只有里中一条砖砌干渠，上横盖街石板，各户分别由巷中接入里中街渠，再由里渠排入就近鱼塘——鱼塘接入涌，涌排入河，这是佛山古渠道流向系统特点。

民居中各庭院（天井）多设有渗井，旧渠道存在许多缺点和毛病。新中国成立后取消室内渗井及外明渠，里中街渠从新铺砌，补充街里沙井及隔气，使清洁环境比过去更加完善。

佛山东华里古庄宅是典型的珠江三角洲传统民居，1989年定为市级文物保护单位，近年来愈来愈受到佛山市政府及国内外人士的重视和关怀。近年《南拳王》、《一代风流》、《南海明珠》及《香港人家》等电影、电视剧均在东华里拍摄，堪称民居瑰宝。

大事年表

朝代	年号	大事记
清	乾隆年前	"东华里"原名"杨伍街",其房屋为杨、伍两富户所有
	乾隆年间	改街名为"东华里"
	嘉道年间	骆秉章家族迁入东华里北部
	道光年间	骆秉章故宅(东华里北部)大加修整
	道光癸卯年	今保存有道光癸卯年(1843年)街额
	清末	富商招雨田家族迁入东华里,南部又大兴土木
中华民国		招氏祠堂改为庄宅,伍氏祠堂前座屋顶改为平顶
中华人民共和国	1958年	全市大搞下水道,对东华里下水道支、干渠、室内渗井全面修整,对街石重新铺砌
	1964年	市建了自来水厂,东华里居民从此吃上自来水,改变过去靠吃井水的历史
	1989年	经批准为市级文物保护单位

"中国精致建筑100"总编辑出版委员会

总策划：周 谊 刘慈慰 许钟荣
总主编：程里尧
副主编：王雪林
主　任：沈元勤 孙立波
执行副主任：张惠珍
委员（按姓氏笔画排序）
王伯扬 王莉慧 田 宏 朱象清 孙书妍
孙立波 杜志远 李建云 李根华 吴文侯
辛艺峰 沈元勤 张百平 张振光 张惠珍
陈伯超 赵 清 赵子宽 咸大庆 董苏华
魏 枫

图书在版编目（CIP）数据

佛山东华里 / 谢日初撰文 / 招志贤等摄影. —北京：中国建筑工业出版社，2014.10
（中国精致建筑100）
ISBN 978-7-112-17023-4

Ⅰ.①佛… Ⅱ.①谢…②招… Ⅲ.①城市道路-古建筑-佛山市-图集 Ⅳ.① K926.53-64

中国版本图书馆CIP数据核字（2014）第140621号

©中国建筑工业出版社

责任编辑：董苏华 张惠珍 孙书妍 孙立波
技术编辑：李建云 赵子宽
图片编辑：张振光
美术编辑：赵　清　康　羽
书籍设计：瀚清堂·赵　清　周伟伟　康　羽
责任校对：张慧丽　陈晶晶　关　健
图文统筹：廖晓明　孙　梅　骆毓华
责任印制：郭希增　臧红心
材料统筹：方承艺

中国精致建筑100

佛山东华里

谢日初 撰文/招志贤 谢日初 等 摄影

中国建筑工业出版社出版、发行（北京西郊百万庄）
各地新华书店、建筑书店经销
南京瀚清堂设计有限公司制版
北京顺诚彩色印刷有限公司印刷

开本：889×710 毫米　1/32　印张：2 3/4　插页：1　字数：120 千字
2016年11月第一版　2016年11月第一次印刷
定价：**48.00**元
ISBN 978-7-112-17023-4
　　　（24391）
版权所有 翻印必究
如有印装质量问题，可寄本社退换
（邮政编码 100037）